This book belongs to

THESE ART AND LOGIC GAMES ARE DESIGNED TO HELP STUDENTS WITH DYSLEXIA, ADHD AND AUTISM TO OVERCOME READING CONFUSION, MESSY HANDWRITING, LETTER REVERSALS, AND PROBLEMS WITH ATTENTION SPAN.

Find The Ratio of A to B

```
A B A B
5 8 A 2
B 2 7 B
B A 3 6
```

Find The Ratio of M to N

```
M N 1 M
N 4 3 N
M N 5 N
N M 2 6
```

Find the Ratio of Z to X

```
Z X Z X
X Z 1 Z
Z X Z X
X Z 2 Z
```

Find the Ratio of C to V

```
8 C 7 V
1 5 V 4
3 V 6 C
V C 2 V
```

p	e	c	z	c	d	h	b
e	v	a	m	a	o	u	a
n	s	r	o	t	g	p	t
x	s	c	h	o	o	l	b
t	e	h	o	m	e	a	n
b	o	y	p	w	a	y	m

School   Pen   Bat   Cat

Home   Car

Way   Dog   Play   Boy

Score: ◯ Out of 10

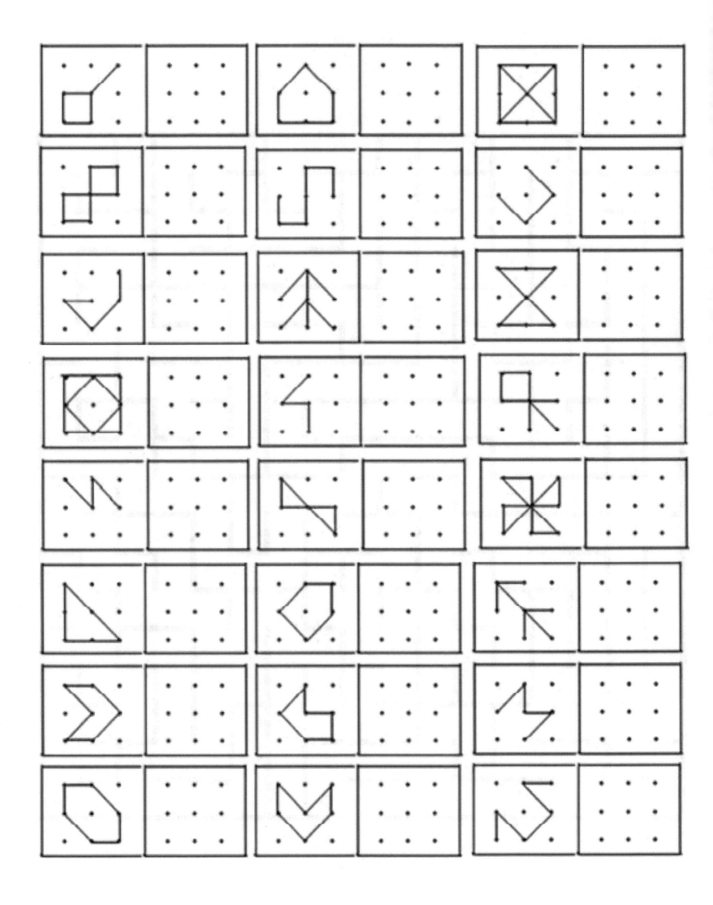

1 ↗	6 →	1 ↘	1 ↑	1 ↗	1 →	1 ↘	1 ↓
1 ↗	6 →	1 ↘	2 ↙	6 ←	1 ↘	2 →	2 ↘
2 ↓	2 ←	4 ↖	9 ↓	1 ←	9 ↑	4 ↙	2 ←
2 ↑	2 ↗	2 →	1 ↗	6 ←	2 ↖		

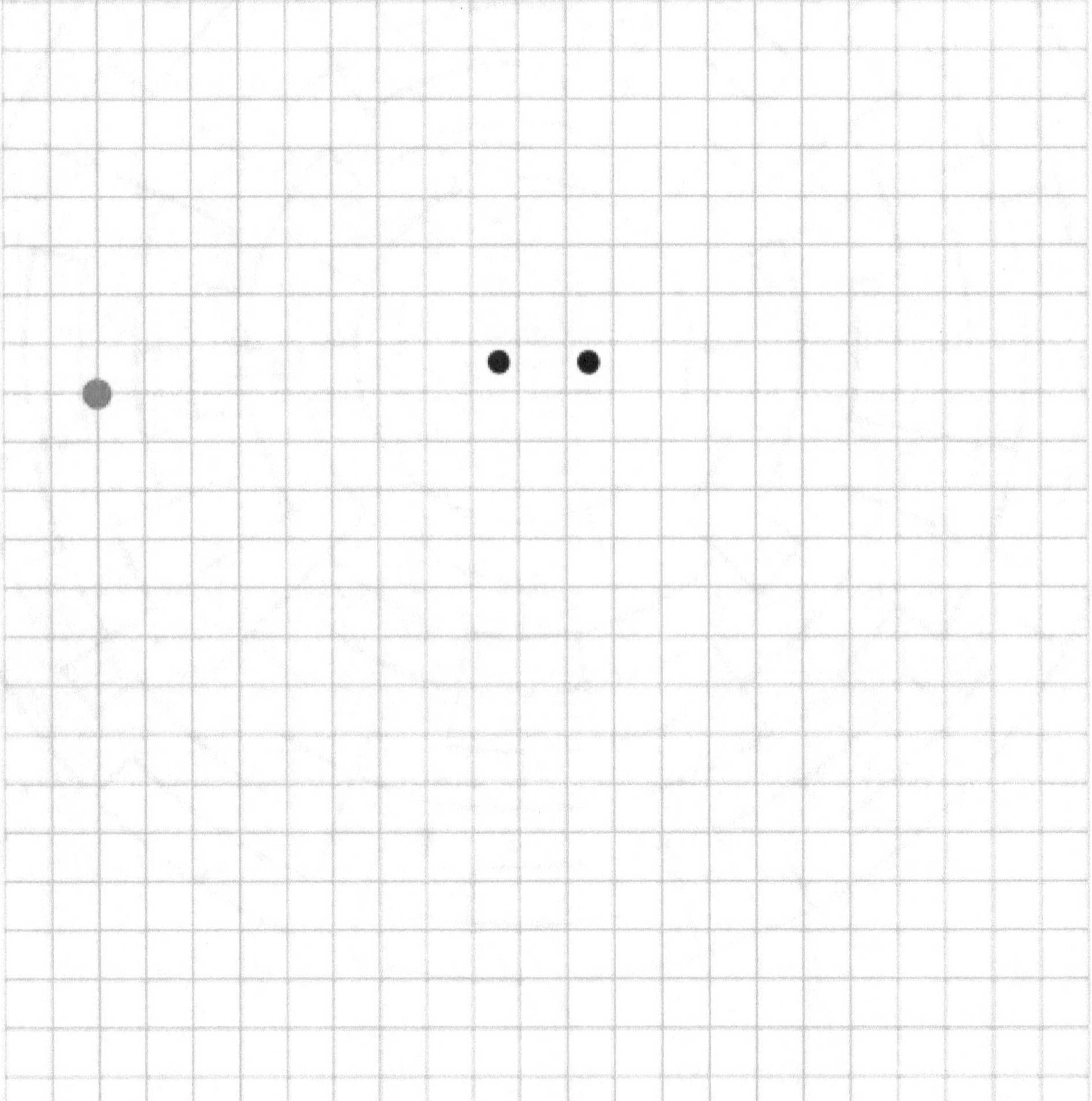

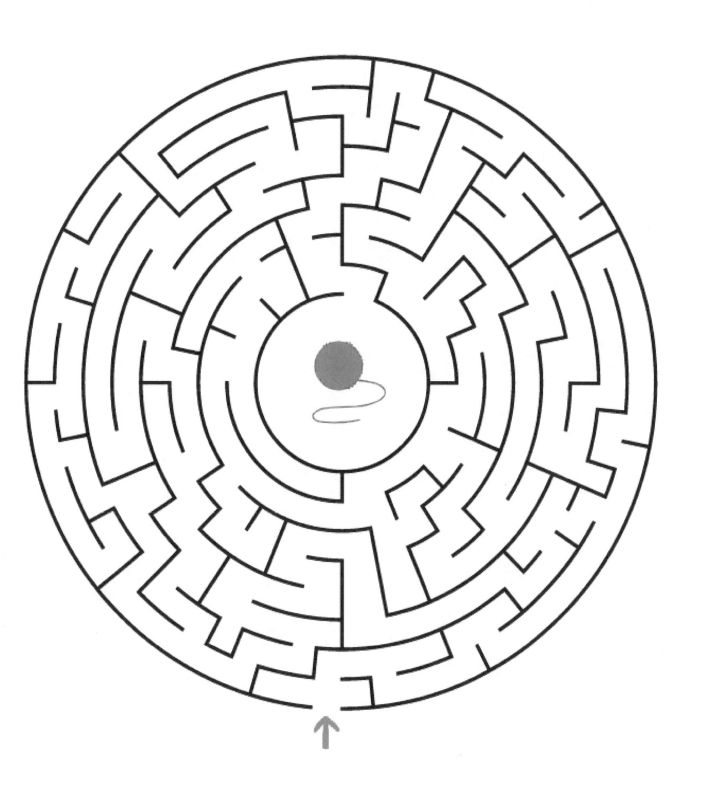

Count on forward or backward by 10s.
Write the missing numbers.

95 85 75 65 55 45 35 25

22 32 42 52 62 72 82 92

100 90 70

87 67 27 17

86 66 56 16

89 69 39

94 34 24

108 98 48

10 more or 10 less

Draw a line to add 10 to each number on the rocket.

Draw a line to subtract 10 from each number on the rocket.

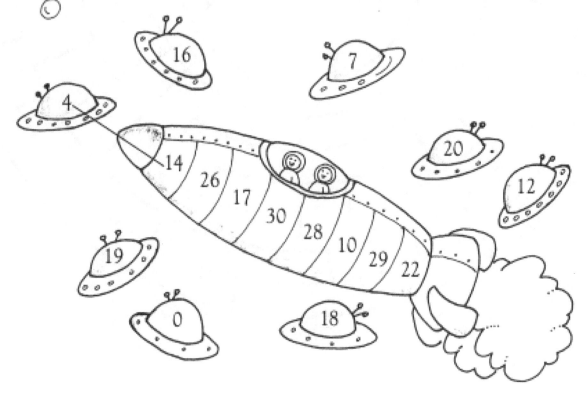

3 ↘ 3 ↓ 3 ↙ 3 ← 2 ↘ 1 ↓ 1 ↖ 1 ←

2 ↘ 1 ↓ 1 ↖ 1 ← 1 ↘ 1 ↓ 1 ↙ 1 ↑

1 ↖ 1 ↙ 5 ← 1 ↖ 1 ↙ 1 ↓ 1 ↖ 1 ↑

1 ↗ 1 ← 1 ↙ 1 ↑ 2 ↗ 1 ← 1 ↙ 1 ↑

2 ↗ 3 ← 3 ↖ 3 ↑ 3 ↗ 4 ↓ 1 ↘ 3 ↑

2 ↘ 4 ↓ 1 ↗ 1 ↑ 1 ↗ 1 → 1 ↘ 1 →

1 ↗ 1 → 1 ↘ 1 ↓ 1 ↘ 4 ↑ 2 ↗ 3 ↓

1 ↗ 4 ↑

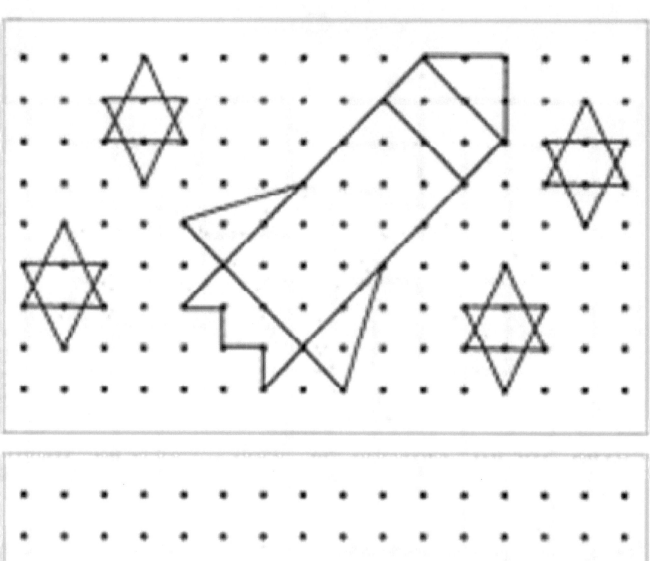

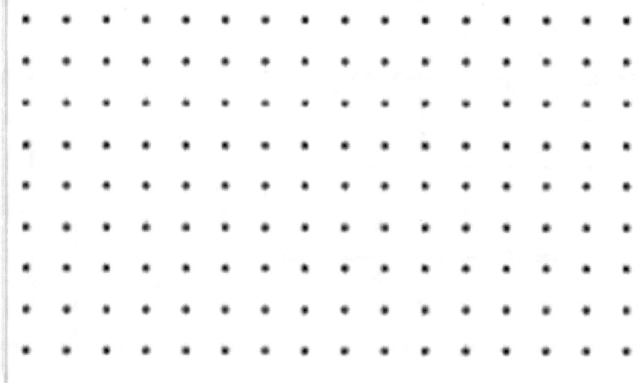

2 →	2 ↗	1 ↘	4 ↓	2 ↙	5 →	1 ↘	1 ↑
1 →	3 ↑	1 →	2 ↑	2 →	4 ↓	1 ←	1 ↓
1 ←	1 ↓	1 ←	6 ↓	2 ←	1 ↗	2 ↖	4 ←
2 ↙	1 ↓	2 ←	1 ↗	2 ↑	1 ↖	3 ↑	2 ↖
4 ↑	1 ↗	2 ↘					

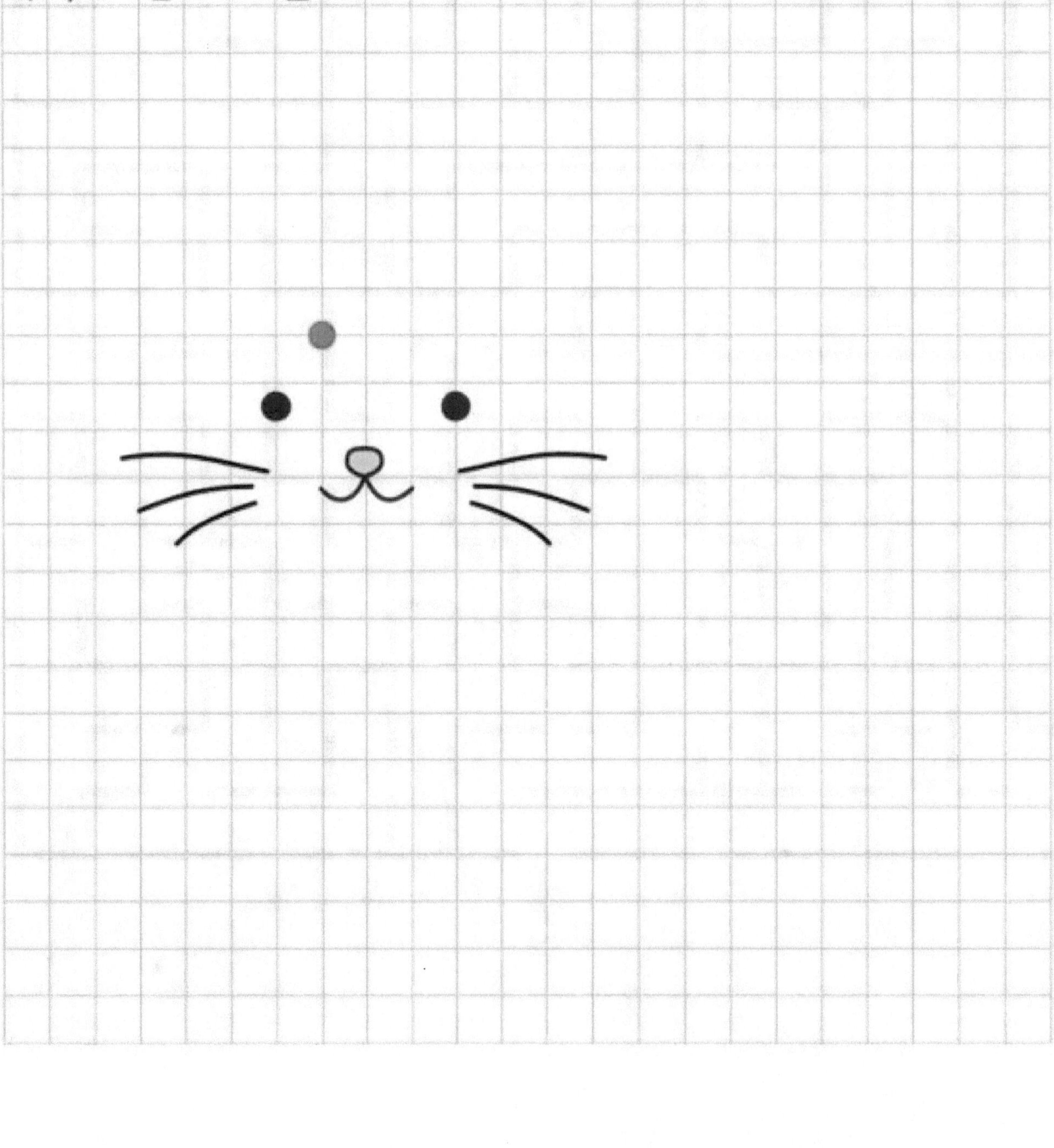

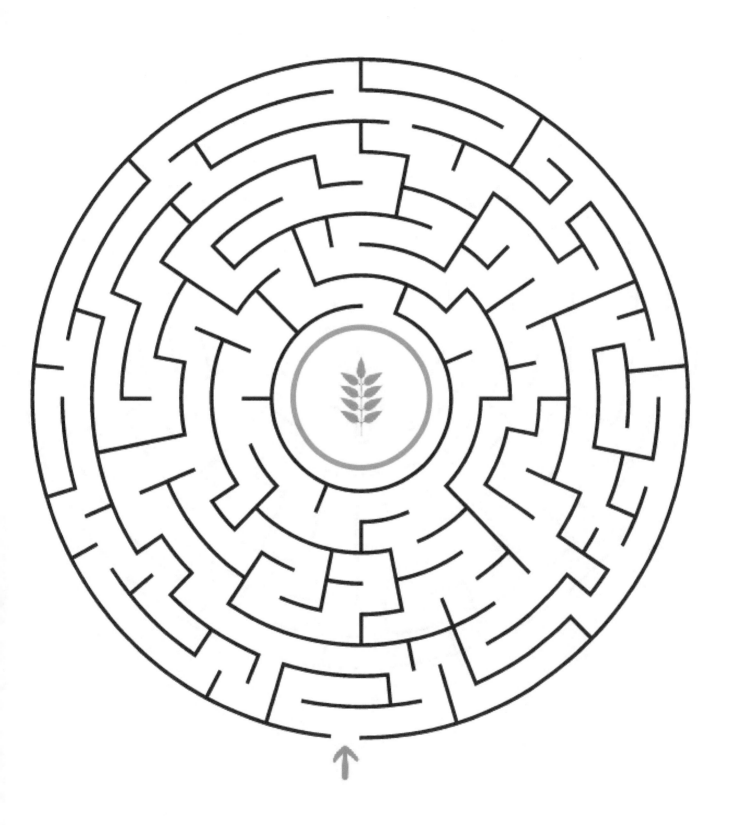

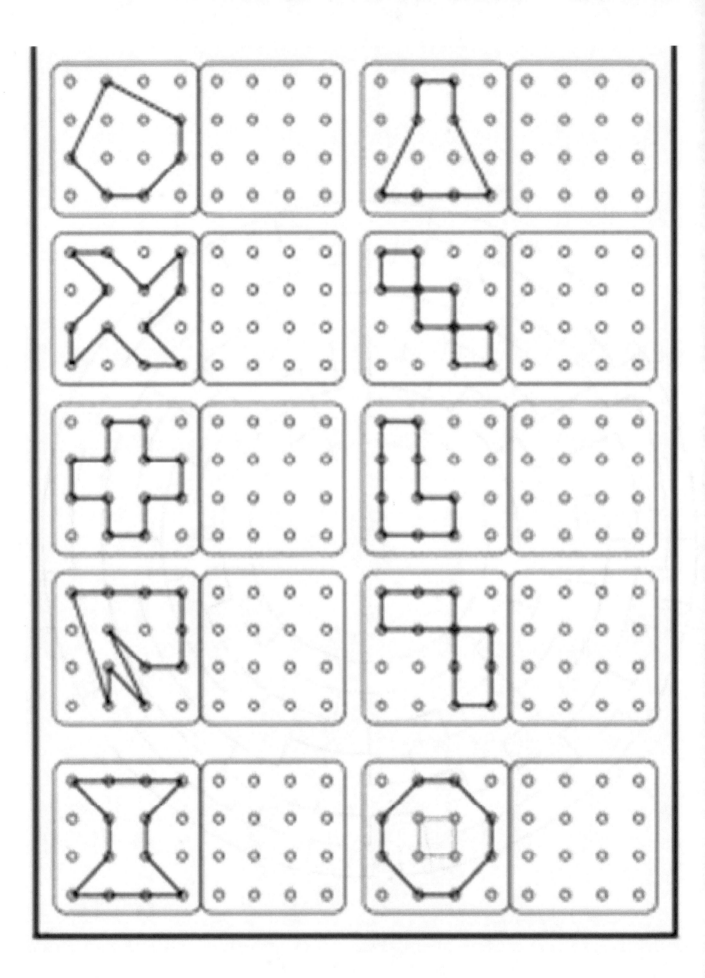

Number Before, Number After

Write the number that comes before and the number that comes after.

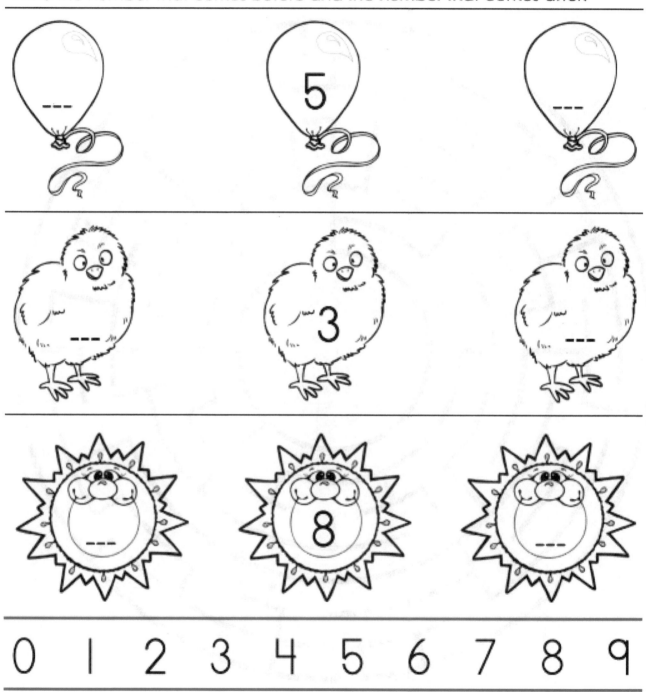

0 1 2 3 4 5 6 7 8 9

B	B	Y	A	→				
R	B	I	D	→				
T	O	A	B	→				
O	K	O	B	→				
K	E	C	A	→				
C	Y	T	I	→				

Pl_ay	W_y
Hou_e	Pe_
Day	D_g
S_hool	W_ter
Bo_k	Pap_r
B_ll	F_iend
Sist_r	C_air

Score: ⬭ Out of 14

The Ratio of ✈ to ★ = ⬭

The Ratio of 🏍 to ☕ = ⬭

Y Y Y Y 🏠 🏠 🏠 🏠 🏠 🏠

The Ratio of Y to 🏠 = ⬭

🚲 🚲 🐕 🐕 🐕

The Ratio of 🚲 to 🐕 = ⬭

1 Count and circle.

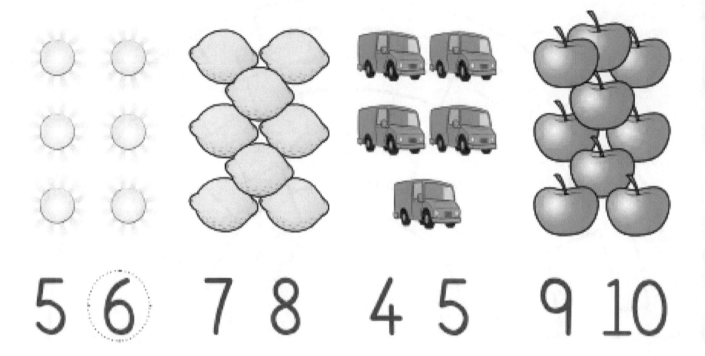

5 (6) 7 8 4 5 9 10

2 Write the number.

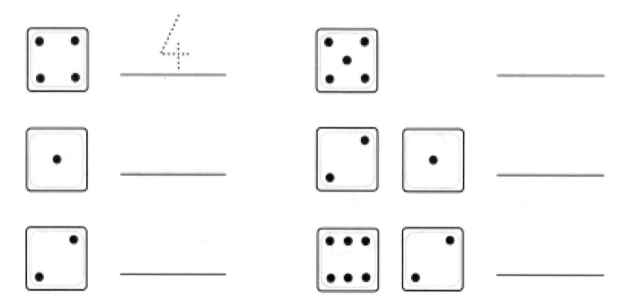

Fill the glass as per Ratio given.

Name:_____   Date:_____

$\dfrac{10}{10}$ $\dfrac{5}{10}$

$\dfrac{2}{10}$ $\dfrac{1}{10}$

$\dfrac{8}{10}$ $\dfrac{3}{10}$

$\dfrac{4}{10}$ $\dfrac{6}{10}$

Name:_____   Date:_____

Cot

Cat   Cet

Cat

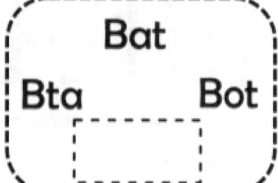

Bat

Bta   Bot

poly

ploy   Play

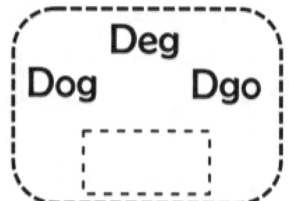

Deg

Dog   Dgo

Boll

Ball   Bol

Gerl

Gurl   Girl

Score: ◯ Out of 6

1 Listen, point and say. Write.

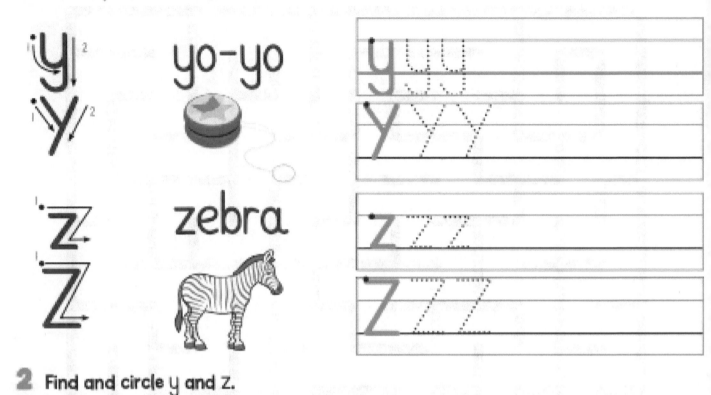

yo-yo

zebra

2 Find and circle y and z.

h   j   y   h   y
   y   g
g   j   g   h
      y   j

w   w   i
   z   z   k   w
i   k   i
   z
k   z   z

yYzZ yYzZ yYzZ yYzZ

K	i	?	e		**t**	o r n

A	?	s	o		l or i

B	a	?	y		b or d

D	r	o	?		q or p

?	a	r	n		3 or E

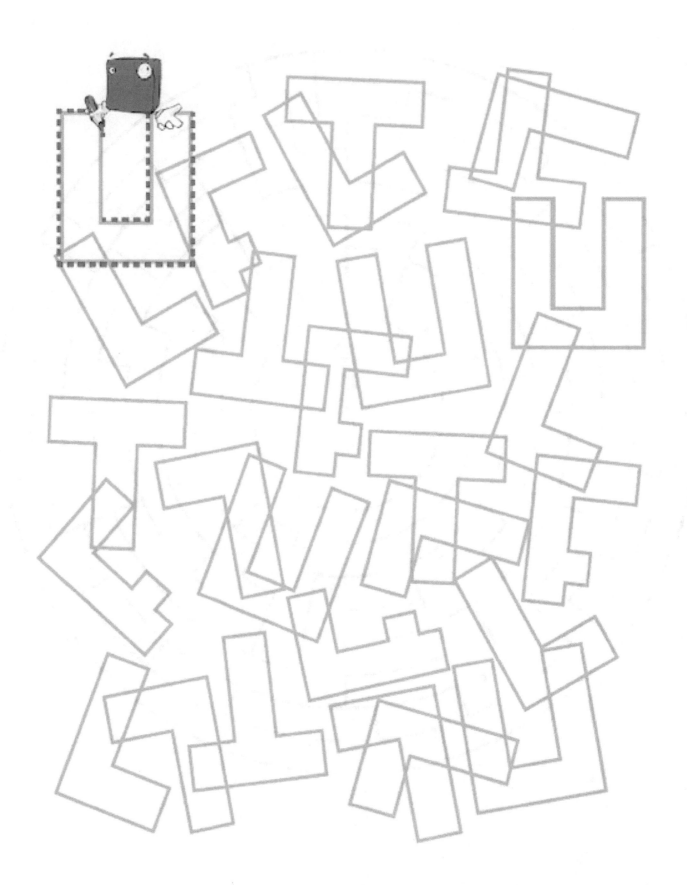

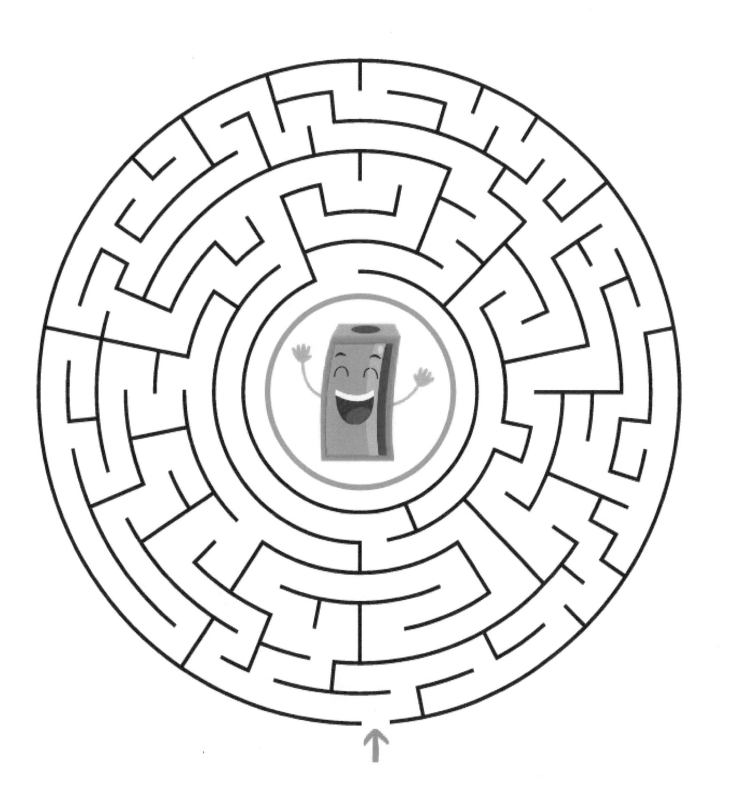

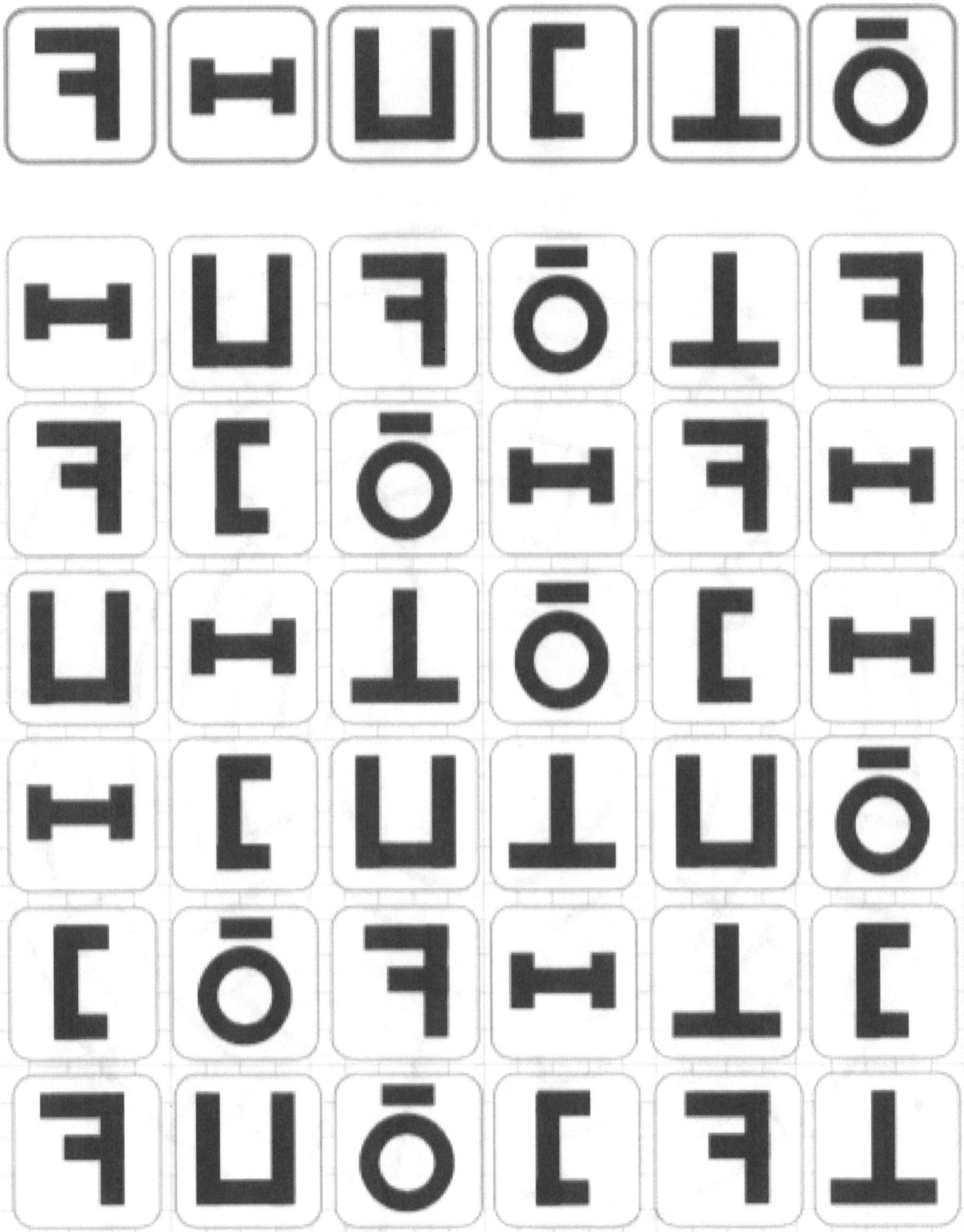

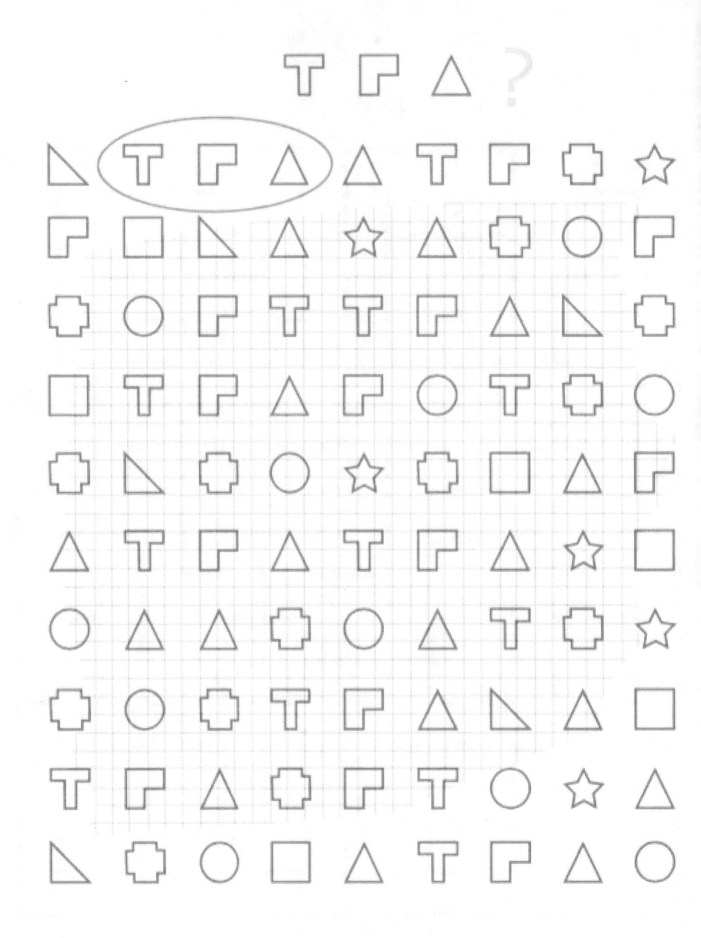

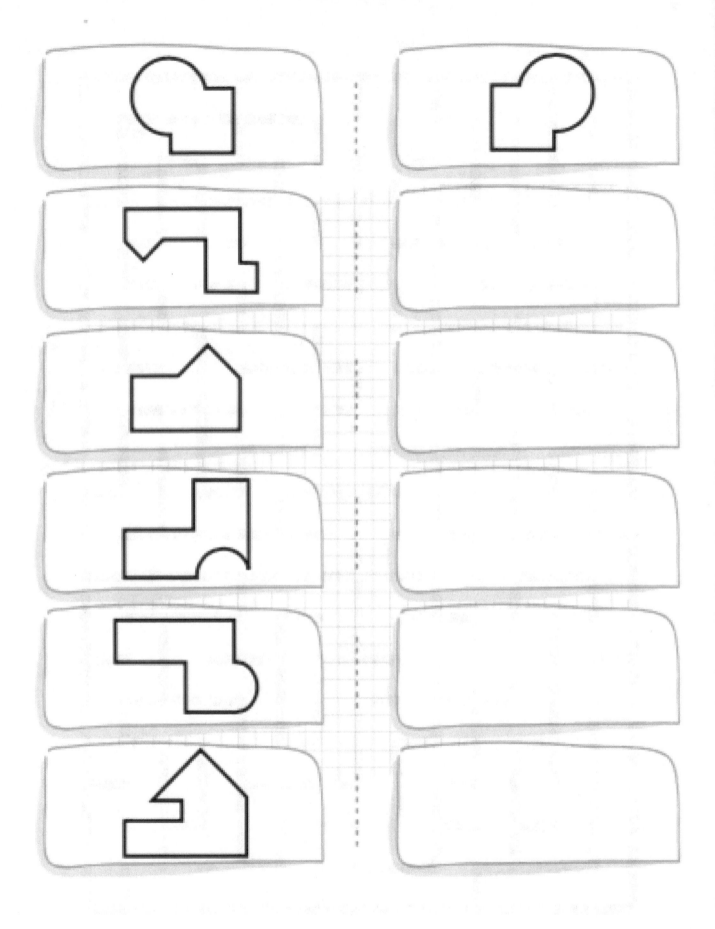

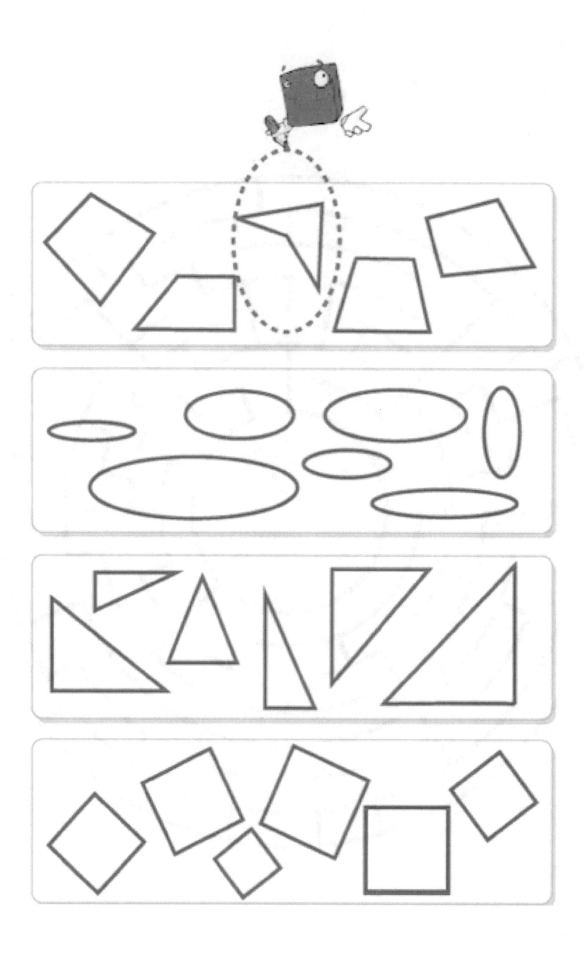

4 · 7 = 28	28 : 7 = 4
9 · 3 = 27	
7 · 5 = 35	
8 · 3 = 24	
4 · 4 = 16	
5 · 6 = 30	
7 · 8 = 56	

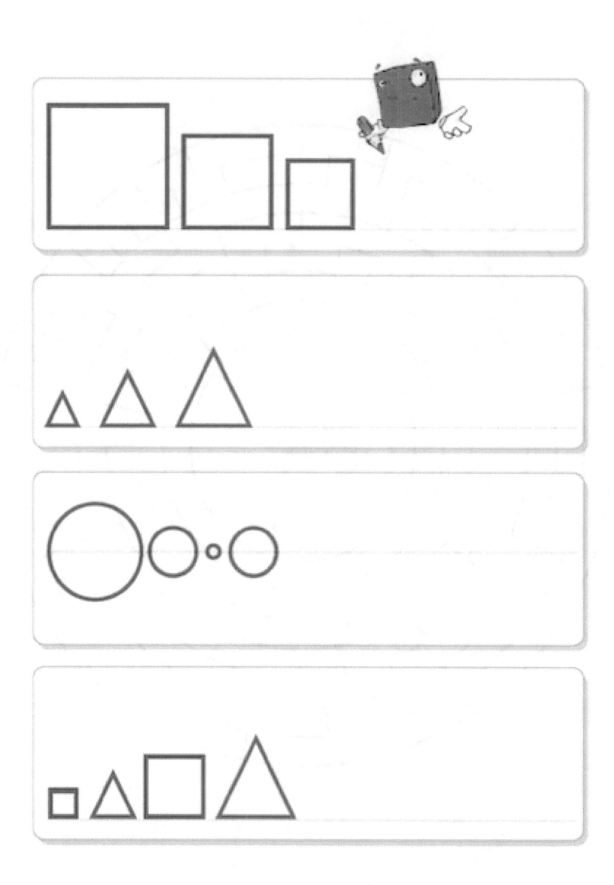

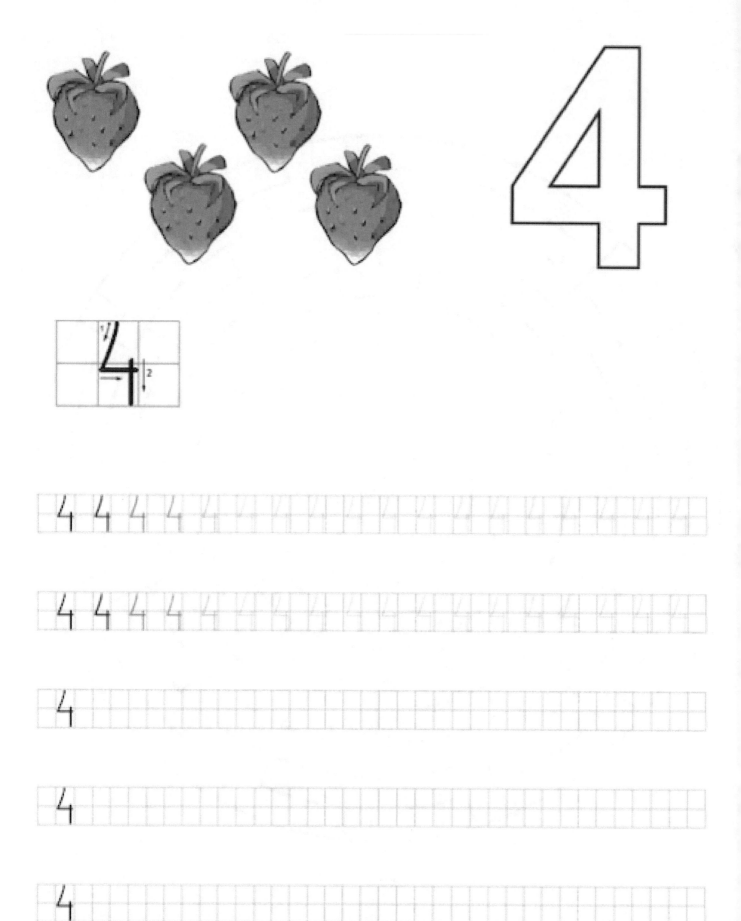

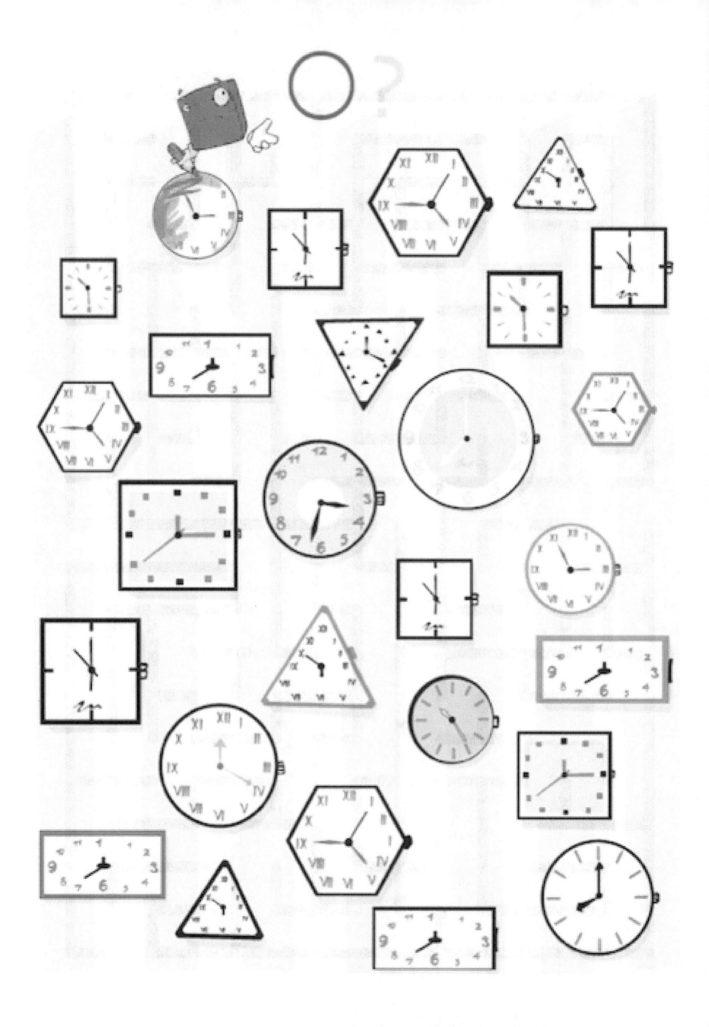

1 Find and circle.

u u v w u w v v u
v v u U u w W v W
w w u v w u w v w
x x u w x W x u v

2 Find and write.

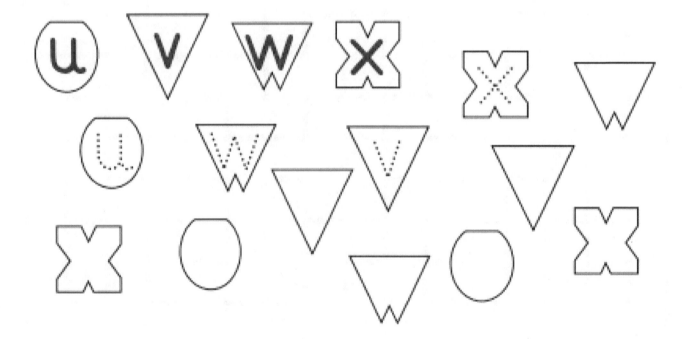

1 Look and tick. ☑

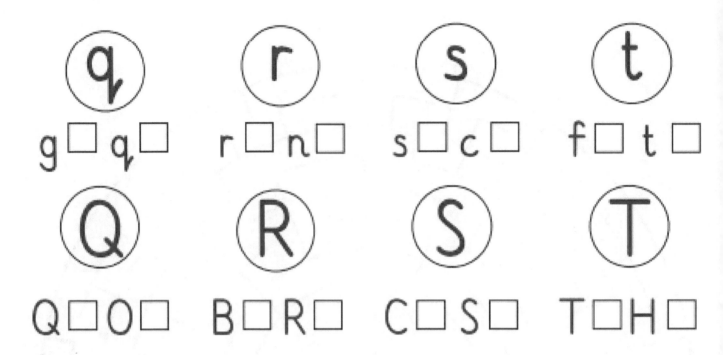

q g☐ q☐   r r☐ n☐   s s☐ c☐   t f☐ t☐

Q Q☐ O☐   R B☐ R☐   S C☐ S☐   T T☐ H☐

2 Look and write.

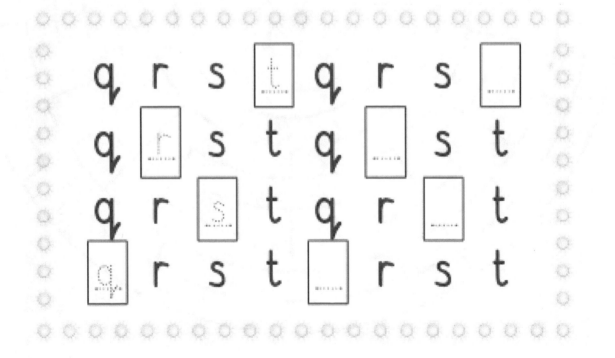

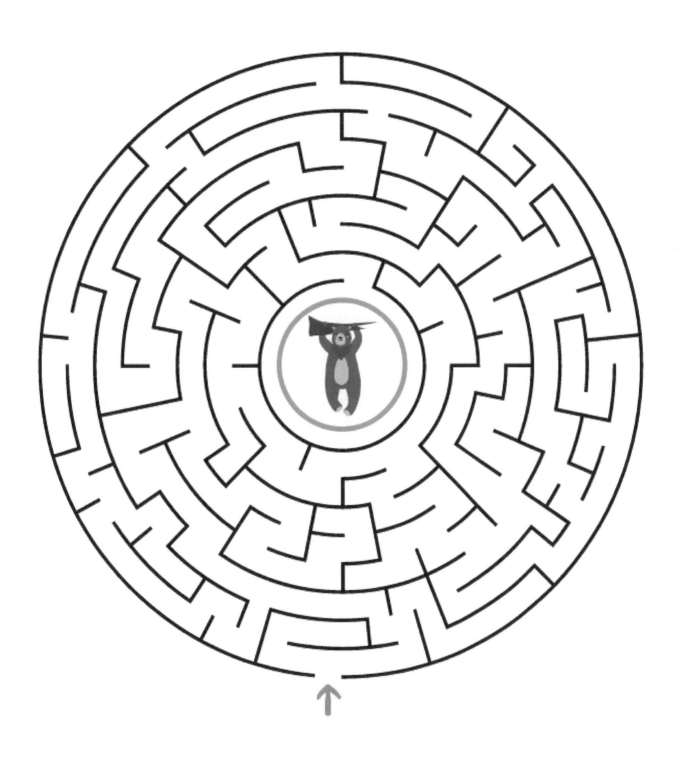

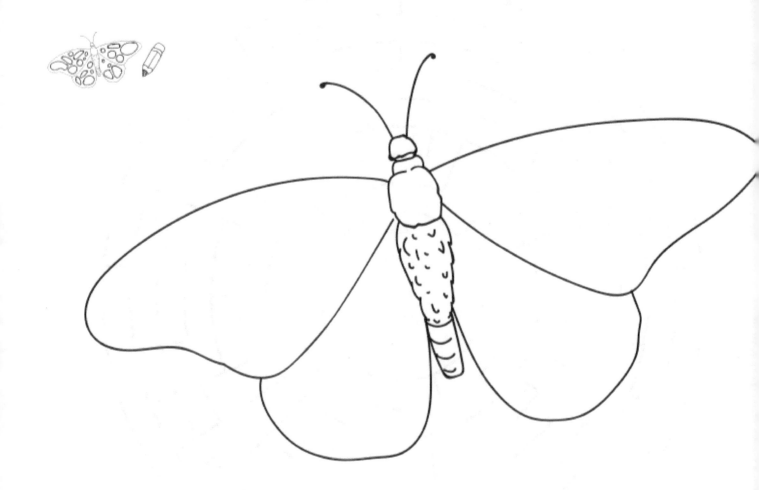

4 →	1 ↘	1 ↗	1 →	1 ↘	1 ↓	1 ↙	3 ↓
1 ↙	3 →	1 ↘	1 ↓	1 ↙	2 ←	4 ↓	1 ↙
1 ↓	1 ↙	2 ←	1 ↖	1 ↗	1 ↑	2 ←	1 ↓
1 ↘	1 ↙	2 ←	1 ↖	1 ↑	1 ↖	4 ↑	2 ←
1 ↖	1 ↑	1 ↗	3 →	1 ↖	3 ↑	1 ↖	1 ↑
1 ↗	1 →	1 ↘	1 ↗				

5 →	2 ↓	1 ↙	2 ↓	3 →	4 ↑	1 ←	2 ↑
8 →	2 ↓	1 ←	4 ↓	1 ↘	4 ↓	1 →	1 ↑
1 →	3 ↓	1 ←	1 ↑	1 ←	1 ↓	2 ←	1 ↑
1 ↖	2 ←	1 ↙	1 ↓	4 ←	1 ↑	1 ↖	2 ←
1 ↙	1 ↓	1 ←	2 ↖	3 ↑	2 ↗	2 →	2 ↑
1 ↖	2 ↑						

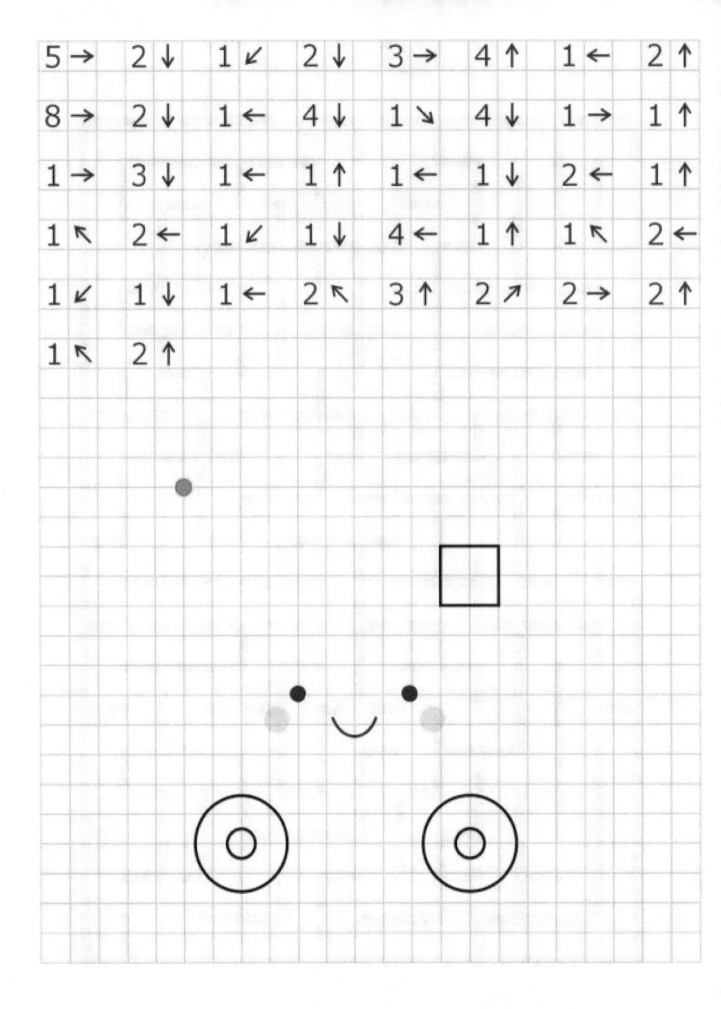

2 →	1 ↑	2 ↗	4 →	1 ↘	1 ↓	4 ←	1 ↙
1 ↘	3 ↓	2 ↙	3 ↘	1 ↑	1 ↗	1 →	1 ↘
1 ↓	1 ↙	1 ←	2 ↓	10 ←	1 ↑	1 ↗	3 ↑
1 ↗	2 ↖	3 ↑	1 ↗	1 ↑	1 ↖	3 ←	1 ↑
1 ↗	3 →	2 ↘	2 ↓				

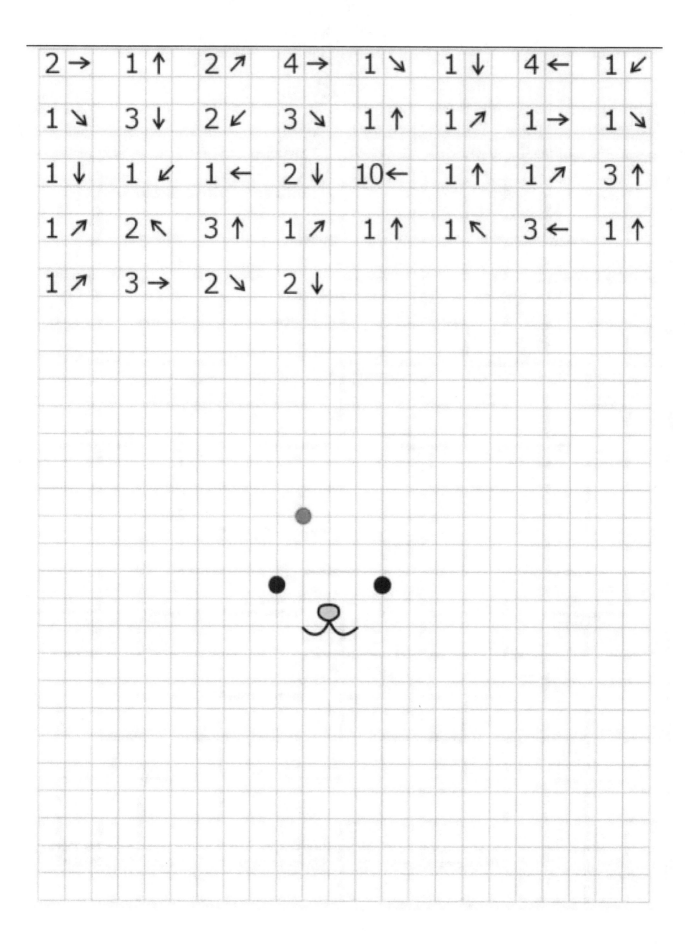

1 Point and say. Write.

yo-yo

zebra

yo-yo   yo-yo

zebra   zebra

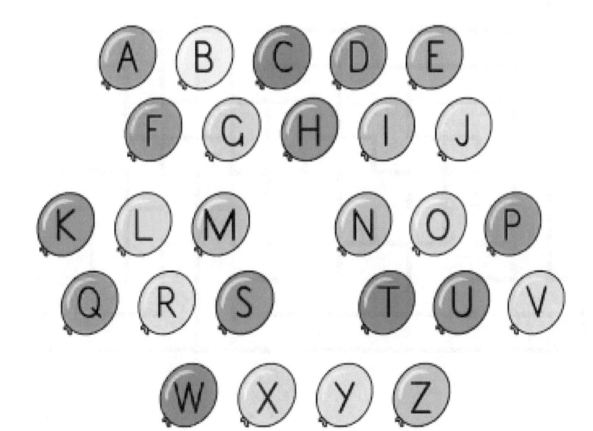

1 Listen, point and say. Write.

1
2
3
4
5
6
7
8
9
10

1 1 1

2 2 2

3 3 3

4 4 4

5 5 5

6 6 6

7 7 7

8 8 8

9 9 9

10 10 10

1 2 3 4 5 6 7 8 9 10

1 Find and circle.

(e) (e) c a e e a c e a

(f) (f) g h f h f g b f

(g) (g) h f g b d g f h

(h) (h) b d h g f h f b

2 Look and write.

e f [g] h e f [g] h e f [ ] h

e [f] g h e [f] g h e [ ] g h

e f g [h] e f g [h] e f g [ ]

[e] f g h [e] f g h [ ] f g h

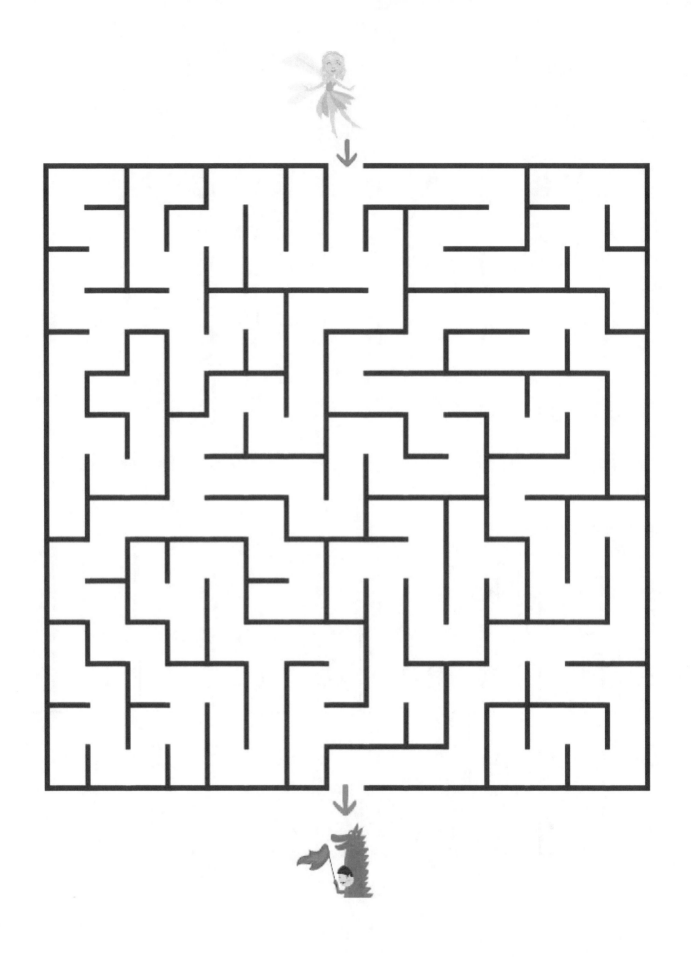

Made in United States
Troutdale, OR
06/06/2024

20371146R10058